AF456640

CALENDRIER

# CALENDRIER
## DE LA
## RÉPUBLIQUE FRANÇAISE,
## UNE ET INDIVISIBLE.

*Au nom de la Commission chargée de sa Confection.*

Par PH. FR. NA. FABRE-D'ÉGLANTINE,
*Député de Paris à la Convention Nationale.*

IMPRIMÉ PAR ORDRE DE LA CONVENTION.

---

LA commission que vous avez nommée pour rendre le nouveau calendrier plus sensible à la pensée & plus accessible à la mémoire, a donc cru qu'elle rempliroit son but, si elle parvenoit à frapper l'imagination par les dénominations, & à instruire par la nature & la série des images.

L'idée première qui nous a servi de base, est de consacrer, par le calendrier, le système agricole, & d'y ramener la nation, en marquant les époques & les fractions de l'année par des signes intelligibles ou visibles pris dans l'agriculture & l'économie rurale.

Plus il est présenté de stations & de points d'appui à

A

la mémoire, plus elle opère avec facilité : en conséquence, nous avons imaginé de donner à chacun des mois de l'année un nom caractéristique, qui exprimât la température qui lui est propre, le genre de productions actuelles de la terre, & qui tout-à-la-fois fît sentir le genre de saison où il se trouve dans les quatre dont se compose l'année.

Ce dernier effet est produit par quatre désinances affectées chacune à trois mois consécutifs, & produisant quatre sons, dont chacun indique à l'oreille la saison à laquelle il est appliqué.

Nous avons cherché même à mettre à profit l'harmonie imitative de la langue dans la composition & la prosodie de ces mots & dans le mécanisme de leurs désinances; de telle manière que les noms des mois qui composent l'automne ont un son grave & une mesure moyenne, ceux de l'hiver un son lourd & une mesure longue, ceux du printemps un son gai & une mesure brève, & ceux de l'été un son sonore & une mesure large.

Ainsi les trois premiers mois de l'année, qui composent l'automne, prennent leur étymologie, le premier des vendanges qui ont lieu de Septembre en Octobre : ce mois se nomme *Vendémiaire*. Le second, des brouillards & des brumes basses qui sont, si je puis m'exprimer ainsi, la transudation de la nature d'Octobre en Novembre : ce mois se nomme *Brumaire*. Le troisième, du froid, tantôt sec, tantôt humide, qui se fait sentir de Novembre en Décembre : ce mois se nomme *Frimaire*.

Les trois mois de l'hiver prennent leur étymologie, le premier, de la neige qui blanchit la terre de Décembre en Janvier : ce mois se nomme *Nivôse*. Le second, des pluies qui tombent généralement avec plus d'abondance de Janvier en Février : ce mois se nomme *Pluviôse*. Le troisième, des giboulées qui ont lieu, & du vent qui vient sécher la terre de Février en Mars : ce mois se nomme *Ventôse*.

Les trois mois du printemps prennent leur étymologie, le premier, de la fermentation & du développement de la sève de Mars en Avril ; ce mois se nomme *Germinal*,

Le second, de l'épanouissement des fleurs d'Avril en Mai : ce mois se nomme *Floreal*. Le troisième de la fécondité riante & de la récolte des prairies de Mai en Juin : ce mois se nomme *Prairial*.

Les trois mois de l'été enfin prennent leur étymologie, le premier, de l'aspect des épis ondoyans & des moissons dorées qui couvrent les champs de Juin en Juillet : ce mois se nomme *Messidor*. Le second, de la chaleur tout-à-la-fois solaire & terrestre, qui embrase l'air de Juillet en Août : ce mois se nomme *Thermidor*. Le troisième, des fruits que le soleil dore & mûrit d'Août en Septembre : ce mois se nomme *Fructidor*. Ainsi donc les noms des mois sont :

| AUTOMNE. | PRINTEMPS. |
|---|---|
| *Vendemiaire.* | *Germinal* |
| *Brumaire.* | *Floréal.* |
| *Frimaire.* | *Prairial.* |

| HIVER. | ETÉ. |
|---|---|
| *Nivôse.* | *Messidor.* |
| *Pluviôse.* | *Thermidor.* |
| *Ventôse.* | *Fructidor.* |

Il résulte de ces dénominations, ainsi que je l'ai dit, que, par la seule prononciation du nom du mois, chacun sentira parfaitement trois choses, & tous leurs rapports, le genre de saison où il se trouve, la température & l'état de la végétation. C'est ainsi que dès le premier de *Germinal*, il se peindra sans effort à l'imagination, par la terminaison du mot, que le printemps commence, par la construction & l'image que présente le mot, que les agens élémentaires travaillent, par la signification du mot, que les germes se développent.

Après la dénomination des mois, nous nous sommes occupés des fractions du mois. Nous avons vu que les fractions des mois étant périodiques & revenant trois fois par mois & trente-six fois par an, étoient déja fort bien nommées *Decades* ou révolution de dix jours; que ce mot générique convenoit à une chose qui, trente-six fois répétée, ne pourroit être représentée à l'oreille par des images locales, sans entraîner de la confusion; que d'ailleurs des Décades n'étant que des fractions numériques, ne doivent avoir qu'une dénomination commune & numérique dans tous le cours de l'année, & qu'il suffit du nom du mois, pour donner, à chaque période de trois Décades, la couleur des images & des accidens des mois qui les renferment.

Quant aux jours, nous avons observé qu'ils avoient quatre mouvemens complexes, qui devoient être empreints bien distinctement dans notre mémoire & présens à la pensée, de quatre manières différentes. Ces quatre mouvemens sont le mouvement diurne ou le passage d'un jour à l'autre, le mouvement décadaire ou le passage d'une décade à l'autre, le mouvement mensiaire ou le passage d'un mois à l'autre; & le mouvement annuelle ou la période solaire.

Le défaut du calendrier, tel que vous l'avez décrété, est de ne signaler les jours, les décades, les mois & l'année que par une même dénomination, par les nombres ordinaux; de sorte que le chiffre 1, qui n'offre qu'une quantité abstraite & point d'image, s'applique également à l'année, au mois, à la semaine & au jour, si bien qu'il a fallu dire, le premier jour de la première décade du premier mois de la première année; locution abstraite, seche, vuide d'idées, pénible par sa prolixité & confuse dans l'usage civil, sur-tout après l'habitude du calendrier grégorien.

Nous avons pensé qu'à l'instar du calendrier grégrorien, dont les sept jours de la semaine portent l'empreinte de l'astrologie judiciaire (préjugé ridicule qu'il faut rejeter), nous devions créer des noms pour chacun des jours de la décade; nous avons pensé encore que puisque ces noms se répétoient, chacun trente-six fois par an, il falloit les priver d'images, qui locale pour leur essence, demeureroient sans rapport avec les trente-six stations de chacun de ces noms ; enfin, nous nous sommes apperçus que ce seroit un grand appui pour la mémoire, si nous venions à bout, en distinguant les noms des jours de la décade des nombres ordinaux, de conserver néanmoins la signification de ces nombres dans un mot composé, de sorte que nous puissions profiter tout-à-la-fois, dans le même mot, & des nombres, & d'un nom différent des nombres.

Ainsi, nous disons pour exprimer les 10 jours de la Décade.

| | |
|---|---|
| *Primdi.* | *Sextidi.* |
| *Duodi.* | *Septidi.* |
| *Tridi.* | *Octidi.* |
| *Quartidi.* | *Nonidi.* |
| *Quintidi.* | *Décadi.* |

De cette manière, la différence de *Primdi* à *Duodi*, exprime le passage du premier au second jour de la Décade. Voilà le premier mouvement des jours : les nombres ordinaux, depuis 1 jusqu'à 30, expriment le troisième mouvement, le mouvement mensiaire ; la combinaison de ces nombres ordinaux avec les noms *Primdi*, *Duodi*, &c., expriment le second mouvement, le mouvement décadaire ; ainsi, 11 du mois & *Primdi*, présenteront l'idée du premier jour de la seconde Décade, ainsi de suite.

L'avantage bien sensible que l'on va retirer de la conservation des nombres ordinaux, dans les composés *Primdi*, *Duodi*, *Tridi*, *&c.*, est que le quantième du mois sera toujours présent à la mémoire, sans qu'il soit besoin de recourir au calendrier matériel.

Par exemple, il suffit de savoir que le jour actuel est *Tridi*, pour être certain que c'est aussi le 3 ou le 13, ou le 23 du mois, comme avec *Quartidi*, le 4 ou le 14 ou le 24 du mois, ainsi de suite.

On sait toujours à-peu-près si le mois est à son commencement, à son milieu ou à sa fin : ainsi, l'on dira *Tridi* est le 3 au commencement du mois, le 13 au milieu, le 23 à la fin.

Or ce calcul très-simple ne pourroit s'effectuer, si les nombres ordinaux, qui sont ici les dénominateurs du quantième, n'entroient point dans la composition du nom des jours de la Décade.

Il nous reste à exprimer le quatrième mouvement qui est le mouvement annuel. C'est ici que nous allons rentrer dans notre idée fondamentale, & puiser, dans l'agriculture, de quoi reposer la mémoire, & répandre l'instruction rurale dans la supputation & le cours de l'année.

Il faut d'abord remarquer qu'il est deux manières de frapper l'entendement dans la composition d'un calendrier : on le frappe mémorialement & par la parole ; alors il faut que les divisions & les dénominations soient de nature à être retenues, comme on dit, par cœur, & c'est à quoi nous pensons avoir pourvu dans la dénomination des saisons, des mois & des jours de la Décade : on frappe encore l'entendement par la lecture, & ici la mémoire n'a plus à opérer. Le calendrier étant une chose à laquelle on a si souvent recours, il faut profiter de la fréquence de cet usage, pour glisser parmi le peuple les notions rurales élémentaires, pour lui montrer les richesses de la nature, pour lui faire aimer les champs, & lui désigner, avec méthode, l'ordre des influences du ciel & des productions de la terre.

En conséquence, nous avons rangé par ordre dans la colonne de chaque mois, les noms des vrais trésors de l'économie rurale. Les grains, les pâturages, les arbres, les racines, les fleurs, les fruits, les plantes, sont disposés dans le calendrier, de manière que la place & le quantième que chaque production occupe, est précisément le temps & le jour où la nature nous en fait présent.

A chaque *Quintidi*, c'est-à-dire, à chaque demi-Décade, les 5, 25 & 15 de chaque mois, est inscrit un animal domestique, avec rapport précis entre la date de cette inscription & l'utilité réelle de l'animal inscrit.

Chaque *décadi* est marqué par le nom d'un instrument aratoire, le même dont l'agriculteur se sert au temps précis où il est placé; de sorte que par opposition, le laboureur dans le jour de repos, retrouvera consacré, dans le calendrier, l'instrument qu'il doit reprendre le lendemain : idée ce me semble touchante, qui ne peut qu'attendrir nos nourriciers, & leur montrer enfin, qu'avec la république, est venu le temps où un laboureur est plus estimé que tous les rois de la terre ensemble, & l'agriculture comptée comme le premier des arts de la société civile.

Il est aisé de voir qu'au moyen de cette méthode, il n'y aura pas de citoyen en France, qui, dès sa plus tendre jeunesse, n'ait fait insensiblement, & sans s'en appercevoir, une étude élémentaire de l'économie rurale; il n'est pas même aujourd'hui de citadin, homme fait, qui ne puisse en peu de jours apprendre dans ce calendrier, ce qu'à la honte de nos mœurs, il a ignoré jusqu'à cette heure; apprendre, dis-je, en quel temps la terre nous donne telle production, & en quel temps telle autre. J'ose dire ici que c'est ce que n'ont jamais su bien des gens, très-instruits dans plus d'une science urbaine, fastueuse ou frivole.

Je dois observer qu'il est un mois dans l'année où la terre est scellée, & communément couverte de neige, c'est le mois *Nivôse* : c'est le temps du repos de la terre; ne pouvant trouver sur sa surface de production végétale & agricole pour figurer dans ce mois, nous y avons substitué les productions, les substances du règne animal & minéral, immédiatement utiles à l'agriculture; nous avons cru que rien de ce qui est précieux à l'économie rurale ne devoit échapper aux hommages & aux méditations de tout homme qui veut être utile à sa patrie.

Il reste à vous parler des jours d'abord nommés *épagomènes*, ensuite *complémentaires*. Ce mot n'étoit que dédastique, par conséquent sec, muet pour l'imagination : il ne présentoit au peuple qu'une idée froide, qu'il rend vulgairement lui-même par la périphrase de *solde de compte*, ou par le barbarisme de *définition*. Nous avons pensé qu'il falloit pour ces cinq jours une dénomination collective, qui portât un caractère national capable d'exprimer la joie & l'esprit du peuple français, dans les cinq jours de fête qu'il célébrera au terme de chaque année.

Il nous a paru possible, & sur-tout juste, de consacrer par un mot nouveau l'expression de *sans-culotte* qui en seroit l'étymologie. D'ailleurs une recherche aussi intéressante que curieuse, nous apprend que les aristocrates, en prétendant nous avilir par l'expression de *sans-culotte*, n'ont pas eu même le mérite de l'invention.

Dès la plus haute antiquité, les Gaulois, nos aïeux, s'étoient fait honneur de cette dénomination. L'histoire nous apprend qu'une partie de la Gaule, dite ensuite *Lyonnaise* (la patrie des Lyonnais), étoit appelée la Gaule culottée, *gallia braccata* : par conséquent le reste des Gaules jusqu'aux bords du Rhin étoit la Gaule non-culottée ; nos pères dès-lors étoient donc des sans-culottes. Quoi qu'il en soit de l'origine de cette dénomination antique ou moderne, illustrée par la liberté, elle doit nous être chère ; c'en est assez pour la consacrer solemnellement.

Nous appellerons donc les cinq jours collectivement pris, les SANCULOTTIDES.

Les cinq jours de *sanculottides*, composant une demi-Décade, seront dénommés *Primdi*, *Duodi*, *Tridi*, *Quartidi*, *Quintidi* ; & dans l'année bissextile le sixième jour *Sextidi* : le lendemain l'année recommencera par *Primdi* premier de *Vendemiaire*.

Nous terminerons ce rapport par l'idée que nous avons conçue relativement aux cinq fêtes consécutives des *sanculottides* ; nous ne vous en développerons que la nature. Nous vous proposerons seulement d'en décréter le principe & le nom, & d'en renvoyer la disposition & le mode à votre comité d'instruction.

Le *Primdi*, premier des *sanculottides*, sera consacré à l'attribut le plus précieux & le plus relevé de l'espèce humaine, à l'*intelligence* qui nous distingue du reste de la création. Les conceptions les plus grandes, les plus utiles à la patrie, sous quelque rapport que ce puisse être, soit dans les arts, les sciences, les métiers, soit en matière de législation, de philosophie ou de morale, en un mot, tout ce qui tient à l'invention & aux opérations créatrices de l'esprit humain, sera préconisé publiquement, & avec une pompe nationale, ce jour *Primdi*, premier des *sanculottides*.

Cette fête s'appellera *la fête du génie*.

Le *Duodi*, deuxième des *sanculottides*, sera consacré à l'industrie & à l'activité laborieuse, les actes de constance dans le labeur, de longanimité dans la confection des choses utiles à la patrie; enfin tout ce qui aura été fait de bon, de beau & de grand dans les opérations manuelles ou mécaniques, & dont la société peut retirer de l'avantage, sera préconisé publiquement & avec une pompe nationale, ce jour *Duodi*, deuxième des *sanculottides*.

Cette fête s'appellera *la fête du travail*.

Le *Tridi*, troisième des *sanculottides*, sera consacré aux grandes, aux belles, aux bonnes actions individuelles : elles seront préconisées publiquement & avec une pompe nationale; cette fête s'appellera *la fête des actions*.

Le *Quartidi*, quatrième des *sanculottides*, sera consacré à la cérémonie du témoignage public & de la gratitude nationale envers ceux qui, dans les 3 jours précédens, auront été préconisés, & auront mérité les bienfaits de la nation; la distribution en sera faite publiquement, & avec une pompe nationale, sans autre distinction entre les préconisés que celle de la chose même, & du prix plus ou moins grand qu'elle aura mérité.

Cette fête s'apellera *la fête des récompenses*.

Le *Quintidi*, cinquième & dernier des *sanculottides*, se célébrera la fête de l'*Opinion*.

Ici s'élève un tribunal d'une espèce nouvelle, & tout-à-la-fois gaie & terrible.

Tant que l'année a duré, les fonctionnaires publics, dépositaires de la loi & de la confiance nationale, ont dû prétendre & ont obtenu le respect du peuple & sa soumission aux ordres qu'ils ont donnés au nom de loi; ils ont dû se rendre dignes non-seulement de ce respect, mais encore de l'estime & de l'amour de tous les citoyens : s'ils y ont manqué, qu'ils prennent garde à la fête de l'Opinion, malheur à eux! ils seront frappés, non dans leur fortune, non dans leur personne, non même dans le plus petit de leurs droits de citoyen, mais dans l'opinion. Dans le jour unique & solemnel de la fête de l'Opinion; la loi ouvre la bouche à tous les citoyens sur le moral, le personnel & les actions des fonctionnaires publics; la loi donne carrière à l'imagination plaisante & gaie des Français. Permis à l'opinion dans ce jour de se manifester sur ce chapitre de toutes les manières : les chansons, les allusions, les caricatures les pasquinades, le sel de l'ironie, les sarcasmes de la folie, seront dans ce jour le salaire de celui des élus du peuple, qui l'aura trompé ou qui s'en sera fait mésestimer ou haïr. L'animosité particulière, les vengeances privées ne sont point à redouter; l'opinion elle-même feroit justice du téméraire détracteur d'un magistrat estimé.

C'est ainsi que par son caractère même, par sa gaieté naturelle, le peuple français conservera ses droits & sa souveraineté; on corrompt les tribunaux, on ne corrompt pas l'opinion. Nous osons le dire, ce seul jour de fête contiendra mieux les magistrats dans leur devoir, pendant le cours de l'année, que ne le feroient les loix même de Dracon & tous les tribunaux de France. La plus terrible & la plus profonde des armes française contre les Français, c'est le ridicule : le plus politique des tribunaux, c'est celui de l'opinion; & si l'on veut approfondir cette idée & en combiner l'esprit avec le caractère nationale, on trouvera que cette fête de l'opinion seule est le bouclier le plus efficace contre les abus & les usurpations de toute espèce.

Telle est la nature de 5 fêtes des *sanculottides* : tous les 4 ans, au terme de l'année bissextile, le *sextidi* ou sixième jour des *sanculottides*, des jeux nationaux seront célébrés. Cette époque d'un jour sera par excellence nommée LA SANCULOTTIDE, & c'est assurément le nom le plus analogue au rassemblement des diverses portions du peuple français, qui viendront de toutes les parties de la République célébrer à cette époque la liberté, l'égalité, cimenter dans leurs embrassemens la fraternité française, & jurer au nom de tous, sur l'autel de la Patrie, de vivre & de mourir libres & en braves *sansculottes*.

*Décret*.

« La Convention nationale rapportant l'article IX du décret du 14 du premier mois, décrète que la nomenclature, les dénominations & les dipositions du nouveau calendrier seront conformes au tableau annexé au présent décret. »

*N. B.* Par amendement, la Convention a décrété que la fête des ACTIONS seroit célébrée le *primidi des sanculottides* sous le nom de la fête de la *VERTU*, & la fête de l'*OPINION* le *quartidi* des SANCULOTTIDES.

ANNEXE.

# ANNÉE II.

## VENDEMIAIRE.

1er. Mois. *Du 22 Septembre au 21 Octobre*, (vieux style.)

| | | |
|---|---|---|
| Primdi. | 1. | Raifin. |
| Duodi. | 2. | Safran. |
| Tridi. | 3. | Châtaignes. |
| Quartidi. | 4. | Colchique. |
| Quintidi. | 5. | CHEVAL. |
| Sextidi. | 6. | Balsamine. |
| Septidi. | 7. | Carottes. |
| Octidi. | 8. | Amaranthe. |
| Nonidi. | 9. | Panais. |
| Décadi. | 10. | CUVE. |
| Primdi. | 11. | Pom.de te. |
| Duodi. | 12. | Immortelle. |
| Tridi. | 13. | Potiron. |
| Quartidi. | 14. | Réséda. |
| Quintidi. | 15. | ANE. |
| Sextidi. | 16. | bele-de-nuit |
| Septidi. | 17. | Citrouille. |
| Octodi. | 18. | Sarrasin. |
| Nonidi. | 19. | Tournesol |
| Décadi. | 20. | PRESSOIR. |
| Primdi. | 21. | Chanvre. |
| Duodi. | 22. | Pêche. |
| Tridi. | 23. | Navet. |
| Quartidi. | 24. | Grenesien. |
| Quintidi. | 25. | BŒUF. |
| Sextidi. | 26. | Aubergine. |
| Septidi. | 27. | Piment. |
| Octidi. | 28. | Tomate. |
| Nonidi. | 29. | Orge. |
| Décadi. | 30. | TONNEAU. |

## BRUMAIRE.

Second mois. *Du 22 Octob. au 20 Nov.*, (vieux style.)

| | | |
|---|---|---|
| Primdi. | 1. | Pomme. |
| Duodi. | 2. | Céleri. |
| Tridi. | 3. | Poire. |
| Quartidi. | 4. | Betterave. |
| Quintidi. | 5. | OIE. |
| Sextidi. | 6. | Héliotrope. |
| Septidi. | 7. | Figue. |
| Octidi. | 8. | Scorsonère. |
| Nonidi. | 9. | Alisier. |
| Décadi. | 10. | CHARRUE. |
| Primdi. | 11. | Salsifis. |
| Duodi. | 12. | Cornuette. |
| Tridi. | 13. | Poireterre. |
| Quartidi. | 14. | Endive. |
| Quintidi. | 15. | DINDON. |
| Sextidi. | 16. | Chiroui. |
| Septidi. | 17. | Cresson. |
| Octidi. | 18. | Dentelaire. |
| Nonidi. | 19. | Grenade. |
| Décadi. | 20. | HERSE. |
| Primdi. | 21. | Bacchante. |
| Duodi. | 22. | Olive. |
| Tridi. | 23. | Garence. |
| Quartidi. | 24. | Orange. |
| Quintidi. | 25. | JARS. |
| Sextidi. | 26. | Pistache. |
| Septidi. | 27. | Macjonc. |
| Octidi. | 28. | Coing. |
| Nonidi. | 29. | Cormier. |
| Décadi. | 30. | ROULEAU. |

## FRIMAIRE.

Troisième mois. *Du 21 Novembre au 20 Décembre,* (vieux style.)

| | | |
|---|---|---|
| Primdi. | 1. | Raiponce. |
| Duodi. | 2. | Turneps. |
| Tridi. | 3. | Chicorée. |
| Quartidi. | 4. | Nefle. |
| Quintidi. | 5. | COCHON. |
| Sextidi. | 6. | Mâche. |
| Septidi. | 7. | Chou-fleur |
| Octidi. | 8. | Epicia. |
| Nonidi. | 9. | Genièvre. |
| Décadi. | 10. | PIOCHE. |
| Primdi. | 11. | Thuya. |
| Duodi. | 12. | Raifort. |
| Tridi. | 13. | Cèdre. |
| Quartidi. | 14. | Sapin. |
| Quintidi. | 15. | LAYE. |
| Sextidi. | 16. | Ajonc. |
| Septidi. | 17. | Ciprès. |
| Octidi. | 18. | Lierre. |
| Nonidi. | 19. | Bouleau. |
| Décadi. | 20. | HOYAU. |
| Primdi. | 21. | Érable-sucre |
| Duodi. | 22. | Bruyère. |
| Tridi. | 23. | Roseau. |
| Quartidi. | 24. | Oseille. |
| Quintidi. | 25. | GRILLON. |
| Sextidi. | 26. | Pignon. |
| Septidi. | 27. | Liége. |
| Octidi. | 28. | Truffe. |
| Nonidi. | 29. | Olive. |
| Décadi. | 30. | PELLE. |

## NIVOSE.

Quatrième mois. *du 21 Décembre au 19 Janvier,* (vieux style.)

| | | |
|---|---|---|
| Primdi. | 1. | Neige. |
| Duodi. | 2. | Glace. |
| Tridi. | 3. | Miel. |
| Quartidi. | 4. | Cire. |
| Quintidi. | 5. | CHIEN. |
| Sextidi. | 6. | Fumier. |
| Septidi. | 7. | Petrole. |
| Octidi. | 8. | Houille. |
| Nonidi. | 9. | Résine. |
| Décadi. | 10. | FLÉAU. |
| Primdi. | 11. | Poix. |
| Duodi. | 12. | Thérébent. |
| Tridi. | 13. | Argile. |
| Quartidi. | 14. | Marne. |
| Quintidi. | 16. | LAPIN. |
| Sextidi. | 16. | Plâtre. |
| Septidi. | 17. | Pierre à ch. |
| Octidi. | 18. | Ardoise. |
| Nonidi. | 19. | Sable. |
| Décadi. | 20. | VAN. |
| Primdi. | 21. | Grès. |
| Duodi. | 22. | Silex. |
| Tridi. | 23. | Mercure. |
| Quartidi. | 24. | Plomb. |
| Quintidi. | 25. | CHAP. |
| Sextidi. | 26. | Etain. |
| Septidi. | 27. | Cuivre. |
| Octidi. | 28. | Fer. |
| Nonidi. | 29. | Sel. |
| Décadi. | 30. | CRIBLES. |

## PLUVIOSE.

Cinquième mois. *Du* 20 *Janvier au* 18 *Février.* ( vieux style. )

| | | |
|---|---|---|
| Primdi. | 1. | Lauréole. |
| Duodi. | 2. | Mousse. |
| Tridi. | 3. | Fragon. |
| Quartidi. | 4. | Perce-neige. |
| Quintidi. | 5. | TAUREAU. |
| Sextidi. | 6. | Laurier-th. |
| Septidi. | 7. | Mnie. |
| Octidi. | 8. | Mézéréon. |
| Nonidi. | 9. | Peuplier. |
| Décadi. | 10. | COIGNÉE. |
| Primdi. | 11. | Ellébore. |
| Duodi. | 12. | Brocoli. |
| Tridi. | 13. | Laurier. |
| Quartidi. | 14. | Coudrier. |
| Quintidi. | 15. | VACHE. |
| Sextidi. | 16. | Buis. |
| Septidi. | 17. | Lichen. |
| Octidi. | 18. | If. |
| Nonidi. | 19. | Pulmonaire |
| Décadi. | 20. | SERPETTE |
| Primdi. | 21. | Thlaspi. |
| Duodi. | 22. | Thimelè. |
| Tridi | 23. | Chiendent |
| Quartidi. | 24. | Trainasse. |
| Quintidi. | 25. | VEAU. |
| Sextidi. | 26. | Guède. |
| Septidi. | 27. | Noisetier. |
| Octidi. | 28. | Ciclamen. |
| Nonidi. | 29. | Chélidoine |
| Décadi. | 30. | TRAINEAU |

## VENTOSE.

Sixième mois. *Du* 19 *Février au* 20 *Mars*, ( vieux style. )

| | | |
|---|---|---|
| Primdi. | 1. | Tussilage. |
| Duodi. | 2. | Cornouiller |
| Tridi. | 3. | Violier. |
| Quartidi. | 4. | Troëne. |
| Quintidi. | 5. | BOUC. |
| Sextidi. | 5. | Asaret. |
| Septidi. | 7. | Alaterne. |
| Octodi. | 8. | Violette. |
| Nonidi. | 9. | Marceau. |
| Décadi. | 10. | BÊCHE. |
| Primdi. | 11. | Narcisse. |
| Duodi. | 12. | Orme. |
| Tridi. | 13. | Fumeterre. |
| Quartidi. | 14. | Vélar. |
| Quintidi. | 15. | CHÈVRE. |
| Sextidi. | 16. | Épinards. |
| Septidi. | 17. | Doronic. |
| Octidi. | 18. | Mouron. |
| Nonidi. | 19. | Cerfeuil. |
| Décadi. | 20. | CORDEAU. |
| Primdi. | 21. | mandragore. |
| Duodi. | 22. | Persil. |
| Tridi. | 23. | Cochléaria. |
| Quartidi. | 24. | Pâquerette. |
| Quintidi. | 25. | CHEVREAU. |
| Sextidi. | 26. | Pissenlit. |
| Septidi. | 27. | Silvye. |
| Octidi. | 28. | Capilaire. |
| Nonidi. | 29. | Frêne. |
| Décadi. | 30. | PLANTOIR. |

## GERMINAL.

Septième mois. *Du 21 Mars au 19 Avril*, (vieux style.)

| | | |
|---|---|---|
| Primdi. | 1. | Prime-vère |
| Duodi. | 2. | Platane. |
| Tridi. | 3. | Asperges. |
| Quartidi. | 4. | Tulipe. |
| Quintidi. | 5. | Coq. |
| Sextidi. | 6. | Bette. |
| Septidi. | 7. | Bouleau. |
| Octidi | 8. | Jonquille. |
| Nonidi. | 9. | Aulne. |
| Décadi | 10. | GREFFOIR |
| Primdi. | 11. | Pervenche |
| Duodi. | 12. | Charme. |
| Tridi. | 13. | Morille. |
| Quartidi. | 14. | Hêtre. |
| Quintidi. | 15. | POULE. |
| Sextidi. | 16. | Laitue. |
| Septidi. | 17. | Mélèze. |
| Octidi. | 18. | Ciguë. |
| Nonidi. | 19. | Radis. |
| Décadi. | 20. | RUCHE. |
| Primdi. | 21. | Gainier. |
| Duodi. | 22. | Romaine. |
| Tridi. | 23. | Maronnier |
| Quartidi. | 24. | Roquette. |
| Quintidi. | 25. | PIGEON. |
| Sextidi. | 26. | Lilas. |
| Septidi. | 27. | Anémone. |
| Octidi. | 28. | pensée. |
| Nonidi. | 29. | Mirthill. |
| Décadi. | 30. | COUVOIR. |

## FLORÉAL.

Huitième mois. *Du 20 Avril au 19 Mai*, (vieux style.)

| | | |
|---|---|---|
| Primdi. | 1. | Rose. |
| Duodi. | 2. | Chêne. |
| Tridi. | 3. | Fougère. |
| Quartidi. | 4. | Aubépine. |
| Quintidi. | 5. | ABEILLE. |
| Sextidi. | 6. | Ancolie. |
| Septidi. | 7. | Muguet. |
| Octidi. | 8. | Champign. |
| Nonidi. | 9. | Hyacinte. |
| Décadi. | 10. | RATEAU. |
| Primdi. | 11. | Rhubarbe. |
| Duodi. | 12. | Sainfoin. |
| Tridi. | 13. | Bâton d'or |
| Quartidi. | 14. | Chameris'er |
| Quintidi. | 15. | VER-A-soie |
| Sextidi. | 16. | Consonde. |
| Septidi. | 17. | Pimprenelle |
| Octidi. | 18. | corbeille-d'or |
| Nonidi. | 19. | Arroche. |
| Décadi. | 20. | SARCLOIR |
| Primdi. | 21. | Statice. |
| Duodi. | 22. | Fritillaire. |
| Tridi. | 23. | Bourrache |
| Quartidi. | 24. | Valériane. |
| Quintidi. | 25. | CARPE |
| Sextidi. | 26. | Fusain. |
| Septidi. | 27. | Civette. |
| Octidi. | 28. | Buglose. |
| Nonidi. | 29. | Sénevé. |
| Décadi. | 30. | HOULETTE. |

## PRAIRIAL.

Neuvième mois. *Du 20 Mai au 18 Juin*, ( vieux style. )

| | | |
|---|---|---|
| Primdi. | 1. | Luzerne. |
| Duodi | 2. | Hémérocale |
| Tridi. | 3. | Trèfle. |
| Quartidi. | 4. | Angélique. |
| Quintidi. | 5. | CANARD. |
| Sextidi. | 6. | Mélisse. |
| Septidi. | 7. | Fromental |
| Octidi. | 8. | Martagon. |
| Nonidi. | 9. | Serpolet. |
| Décadi. | 10. | FAULX. |
| Primdi. | 11. | Fraise. |
| Duodi. | 12. | Bétoine. |
| Tridi. | 13. | Pois. |
| Quartidi. | 14. | Acacia. |
| Quintidi. | 15. | CANNE. |
| Sextidi. | 16. | Œillet. |
| Septidi. | 17. | Sureau. |
| Octidi. | 18. | Pavot. |
| Nonidi. | 19. | Tilleul. |
| Décadi. | 20. | FOURCHE |
| Primdi. | 21. | Barbeau. |
| Duodi. | 22. | Camomille |
| Tridi. | 23 | chèvre-feulle |
| Quartidi. | 24. | Caille-lait. |
| Quintidi. | 25. | TANCHE. |
| Sextidi. | 26. | Jasmin. |
| Septidi. | 27. | Verveine. |
| Octidi. | 28. | Thym. |
| Nonidi. | 29. | Pivoine. |
| Décadi. | 30. | CHARIOT |

## MESSIDOR.

Dixième mois. *Du 19 Juin au 18 Juillet*, ( vieux style. )

| | | |
|---|---|---|
| Primdi. | 1. | Seigle. |
| Duodi. | 2. | Avoine. |
| Tridi. | 3. | Oignon. |
| Quartidi. | 4. | véronique. |
| Quintidi. | 5. | MULET. |
| Sextidi. | 6. | Romarin. |
| Septidi. | 7. | Concombre |
| Octidi. | 8. | Echalotte |
| Nonidi. | 9. | Absynthe. |
| Décadi. | 10. | FAUCILLE |
| Primdi. | 11. | Coriandre. |
| Duodi. | 12. | Artichaut. |
| Tridi. | 13. | Giroflée. |
| Quartidi. | 14. | Lavande. |
| Quintidi. | 15. | JUMART. |
| Sextidi. | 16. | Tabac. |
| Septidi. | 17. | Groseille. |
| Octidi. | 18. | Orge. |
| Nonidi. | 19. | Cerise. |
| Décadi. | 20. | PARC. |
| Primdi. | 21. | Menthe. |
| Duodi. | 22. | Cumin. |
| Tridi. | 23. | Haricots. |
| Quartidi. | 24. | Orcanète. |
| Quintidi. | 25. | PINTADE. |
| Sextidi. | 26. | Sauge. |
| Septidi. | 27. | Ail. |
| Octidi. | 28. | Vesce. |
| Nonidi. | 29. | Blé. |
| Décadi. | 30. | CHALÉMIE |

## THERMIDOR.

Onzième mois. *Du* 19 *Juillet au* 17 *Août*, (vieux style.)

| | | |
|---|---|---|
| Primdi. | 1. | Épeautre. |
| Duodi. | 2. | bouillon-bl |
| Tridi. | 3. | Melon. |
| Quartidi. | 4. | Ivroie. |
| Quintidi. | 5. | BELIER. |
| Sextidi. | 6. | Prêle. |
| Septidi. | 7. | Armoise. |
| Octidi. | 8. | Carthame. |
| Nonidi. | 9. | Mûres. |
| Décadi. | 10. | ARROSOIR |
| Primdi. | 11. | Panis. |
| Duodi. | 12. | Salicot. |
| Tridi. | 13. | Abricot. |
| Quartidi. | 14. | Basilic. |
| Quintidi. | 15. | BREBIS. |
| Sextidi. | 16. | Guimauve. |
| Septidi. | 17. | Lin. |
| Octodi. | 18. | Amande. |
| Nonidi. | 19. | Gentiane. |
| Décadi. | 20. | ECLUSE. |
| Primdi. | 21. | Carline. |
| Duodi. | 22. | Carprier. |
| Tridi. | 23. | Lentille. |
| Quartidi. | 24. | Aunée. |
| Quintidi. | 25. | AGNEAU. |
| Sextidi. | 26. | Myrte. |
| Septidi. | 27. | Colza. |
| Octidi. | 28. | Lupin. |
| Nonidi. | 29. | Coton. |
| Décadi. | 30. | MOULIN. |

## FRUCTIDOR.

Douzième mois. *Du* 18 *Août au* 21 *Septembre*, (vieux style.)

| | | |
|---|---|---|
| Primdi. | 1. | Prune. |
| Duodi. | 2. | Millet. |
| Tridi | 3. | Lycoperde |
| Quartidi. | 4. | Escourgeon |
| Quintidi. | 5. | BARBEAU. |
| Sextidi. | 6. | Tubéreuse |
| Septidi. | 7. | Sucrion. |
| Octidi. | 8. | Apocyn. |
| Nonidi. | 9. | Réglisse. |
| Décadi. | 10. | ECHELLE. |
| Primdi. | 11. | Pastèque. |
| Duodi. | 12. | Fenouil. |
| Tridi. | 13. | épine-vinete |
| Quartidi. | 14. | Noix. |
| Quintidi. | 15. | GOUJON. |
| Sextidi. | 16. | Orange. |
| Septidi. | 17. | Cardière. |
| Octidi. | 18. | Nerprun. |
| Nonidi. | 19. | Sagette. |
| Décadi. | 20. | HOTTE. |
| Primdi. | 21. | Églantier. |
| Duodi. | 22. | Noisette. |
| Tridi. | 23. | Houblon. |
| Quartidi. | 24. | Sorgho. |
| Quintidi. | 25. | ECREVISSE |
| Sextidi. | 26. | Bigarade. |
| Septidi. | 27. | Verge-d'or |
| Octidi. | 28. | Mais. |
| Nonidi. | 29. | Marron. |
| Décadi. | 30. | CORBEILLE |

## LES SANCULOTTIDES.

*Fin de l'année.*

| | | |
|---|---|---|
| PRIMDI. | 1. | Fête de la VERTU. |
| DUODI. | 2. | Fête du GÉNIE. |
| TRIDI. | 3. | Fête du TRAVAIL. |
| QUARTIDI. | 4. | Fête de l'OPINION. |
| QUINTIDI. | 5. | Fête des RÉCOMPENSES. |

## ANNÉE BISSEXTILE.

SEXTIDI, 6. LA SANCULOTTIDE.

## JANVIER.

| | | |
|---|---|---|
| merc | 1 | *Circ. N. S.* |
| Jeud | 2 | s. Basile. |
| vend | 3 | ste Gene. |
| fame | 4 | s. Greg. Ev. |
| *Dim.* | 5 | s. Thelep. |
| lundi | 6 | *Les 3 Rois.* |
| mard | 7 | s. Theau. |
| merc | 8 | s. Frobert. |
| jeudi | 9 | s. Jul. m. |
| vend | 10 | s. Paul 1 h. |
| fame | 11 | s. Théode. |
| *Dim.* | 12 | s. Ferjus. |
| lundi | 13 | Bap. de J. |
| mard | 14 | s. Hilaire. |
| merc | 15 | *Sacr. à Cœur.* |
| jeudi | 16 | s. Maur. |
| vend | 17 | s. Antoine. |
| fame | 18 | Ch. s. Pier. |
| *Dim.* | 19 | s. Sulpice E. |
| lundi | 20 | s. Sébaftien |
| mard | 21 | ste Agnès. |
| merc | 22 | s. Vincent. |
| jeudi | 23 | s. Ildéfon. |
| vend | 24 | s. Thimot. |
| fame | 25 | Conv. S. P. |
| *Dim.* | 26 | s. Policarpe |
| lundi | 27 | s. Julien. |
| mard | 28 | s. Jean ab. |
| merc | 29 | s. Fr. de S. |
| jeudi | 30 | ste Batild. |
| vend | 31 | ste Marcel. |

### *Foires du mois de Janvier.*

LE 28 Mamé, Joigny.
3. Ligny, Rosier. 4. Vauv.
7 Fribour. s. Claude.
Favernay. Vicheret.
Coutance.
8 rheims. Longw.
8 Langres.
9 Lyon.
10 Zoffiguen.
Viller lexel.
13 Hypol. Grai.
16 Dompaire.
17 Bourbonne.
Neuf-brifac. Pont-à-mouffon. Paffavant.
18 Bulle. s. Julien.
Maxey-fur-Vaize.
& Marché tous les vendredis de l'année.
Lifol-le-grand.
22 Bar-le-Due.
23 s. Loup. Vezelize.
Vrécourt.
Jonvel. Vagny.
25 Chatel-fur-M.
Pagny la bl. côte.
Saumur. Ronche
S. Diez.
26 Montureux.
30 Salins Auxer.

20 br. 21 22 variable. ● Nou. lune le 23 à 11 h. 5 m. du matin, le 24 épais 25 vent 26 obs. 27 beau 28 29 gl. 30 f. ☽ Prem. quar. le 31 à 7 h. 18 m. du soir.

## NOVEMBRE.

Le 1 hu. 2 f. 3 4 trouble 5 orage 6 neige. ● Pl. lune le 8 à 10 h. 4 m. du matin; le 8 vent 9 neige 10 f. 11 12 f. 13 grêle. ☾ Der. quar. le 14 à 11 h. & demie du s. le 15 inconstant 16 passable 18 pl. 19 f. 20 obs. 21 nuage. ● Nouv. lune le 22 à 3 h. 28 m. du s. le 23 vent 24 25 nuage 26 27 embrumé 28 29 f. ☽ Pre. quar. le 30 à 1 h. 34 m. du mat.

## DÉCEMBRE.

Le 1 mal pl. 2 trou. 3 vent 4 5 passable. ● Pleine lune le 6 à 8 h. 16 m. du soir; le 7 f. 8. f. 9 doux 10 11 vent 12 pl. 13 f. ☾ Der. quar. le 14 à 7 heu. 28 m. du s. le 15 obs. 16 froid 17 neige 18 pl. 19 f. 20 21 varie. ● Nouv. lune le 22 à 11 h. 13 m. du matin; le 23 froid 24 neige 25 vent 26 27 fr. 28 trouble. ☽ Prem. quar. le 29 à 1 h. 34 m. du matin; 30 f. 31 neigeux.

---

A BRUYERES,

De l'Imprimerie Nationale de la veuve VIVOT & FILS, Imprimeurs-Libraires. 1794.

NATIONAL

www.ingramcontent.com/pod-product-compliance
Ingram Content Group UK Ltd.
Pitfield, Milton Keynes, MK11 3LW, UK
UKHW022211190726
13855UKWH00004B/1707